# 처세술

개그맨 김형인의 뼈 때리면서도 담백한
세상에 대한 처세 이야기

# 처세술

김형인 지음

RISE

## — 들어가는 말 —

내가 본 김형인 작가는 처세술이 뛰어난 사람이다.

거침이 없지만 언변 속에 담긴 솔직함에 그가 어떤 사람인지 알 수 있었다.

처세란 하루아침에 얻을 수 있는 마법 같은 능력이 아니다.

뛰어난 재능을 요구하지도 않으며 숨겨진 비법 같은 것도 없다.

사람이 사람을 대하는 것에 있어서 가장 진솔한 감정만 남기면 된다.

잘못을 했으면 사과하는 것.

관계에 있어서 상대방이 나에게 특별한 사람이라는 것을 증명하는 것.

반가운 얼굴로 인사를 하는 것.

등에 칼을 꽂지 않는 것.

받은 만큼 돌려주는 것.

마냥 무언가를 바라기만 하기보다 기꺼이 해주고자 하는 것.

사람과 사람 사이의 호감이 늘어날 수 있는 너무 당연한 일들이다.

하지만 요즘 세상을 가만 보면 어떤가.

자신의 이익만을 바라고, 주는 것에는 인색해졌다.

현대 문명의 빛나는 발전 뒤에 이보다 풍족한 세상이 없음에도 불구하고 우리는 갈수록 주는 것에 인색해지고, 받지 못해 누군가를 시기 질투하게 된다.

그런 세상임에도 불구하고 김형인 작가는 사람을 대하는 태도에 있어서 빛이 난다.

숨기고 싶은 치부는 시원하게 자발적으로 까발린다.

누군가에게 약점을 보이거나 책잡히는 것을 두려워하지 않으며,

자신의 옆에 머물러주는 사람에게 있어서는 최선을 다한다.

나중에 어떤 관계가 될지 두려워하는 마음 따위는 시원하게 버리고,

눈앞에 마주한 사람에게 자신을 표현한다.

경제, 문명, 과학, 인문학, 형이상학, 이념 등
온갖 복잡한 것들이 이 세상을 형성하고 있는 것 같지만

결국 인간이 문명을 이룩했고
그 문명 위에 온갖 개념들이 생겨났을 뿐이다.

세상이 존재하기에 사람이 존재하는 것이 아니라,
사람이 존재하기에 세상이 존재하는 것이다.

김형인 작가는 이를 아주 잘 이해하고 있고,
자신에게 생긴 인연을 늘 진실로 대하는 사람이다.

담백하지만 뼈 때리는 김형인 작가의

세상 사는, 나아가 살아가기 위해 사람을 대하는 진솔한 이야기

《처세술》을 모두 자신의 인생에 대입해가며 읽어 보길 바란다.

떠오름 출판사

손힘찬

## — 작가의 말 —

처음 출판사에서 책을 집필해보면 어떻겠냐는 제안을 받고 많이 망설였다. 나 따위가 뭐라고 책을 쓰나 싶었고. 하지만 인간으로 태어나 누구라도 내 가치관을 담은 책을 쓰고 싶은 꿈을 한 번은 꾸지 않나. 나 또한 그렇기에 망설였지만, 책을 쓰고 싶다고 생각하게 됐다. 왜냐하면, 역으로 꼭 잘나가는 사람만이 책을 써야 한다는 편견을 한번 깨보고 싶었다.

내가 너무 잘나서 올바른 선택만 하며 살아오고, 최고의 인생을 살았기 때문에 떵떵거리는 책을 쓰는 것이 아니라, 글을 쓰면서 내가 후회했던 것들 그리고 후회 너머 반성하며 성장했던 나 자신의 이야기를 담아내고 싶었다.

잘난 사람의 인생을 따라가며 성공 가도를 따라갈 수도 있겠지만, 나처럼 좀 못나도 반성하며 성장하는 사람의 이야기를 통해서 누군가는 살아가며 생겨나는 실수를 조금은 줄일 수 있지 않을까. 대부분 사람은 사실 너무 탁월하고 뛰어나기보다는 평범하고 실수투성이인 인생을 살아가니까.

그러니까 나처럼 못난 놈도 실수하고 나락에 떨어져도 다시 딛고 일어서서 나아가니, 당신들은 더 잘해낼 수 있다고. 그런 마음을 담아 서툰 글솜씨로 한 자 한 자 이 책을 써봤다.

내 글이 누군가의 인생을 송두리째 바꾸기는 어렵겠지만, 그래도 읽어주는 분들이 앞으로 살아감에 있어서 조금은 더 나은 선택을 할 수 있게 도와주기를 바란다.

2022년 10월 18일
김형인

차례



chapter

# 1

## 강약약강이냐, 강강약약이냐

( 사람을 대하는 처세 )

chapter

# 2

## 뒤통수 조심해라

( 나락에 대비하는 태세 )

chapter

# 3

## 지옥도 참다보면 즐길 수 있다

### ( 세상을 견디는 자세 )

chapter

# 4

## 어차피 어떻게든 넘어진다. 일어서라

### ( 성공도 실패도 쿠세 )

# ( chapter )
# 1

## 강약약강이냐,
## 강강약약이냐

— 사람을 대하는 처세 —

# 아버지의 매

당연한 거 아닌가.
잘못했으면 맞는 게.
이유 없이 매 맞는 놈 없고
이유 없이 매 주는 놈 없다.
때리지 말라 하지 말고
맞을 짓을 하지 마라.
난 아버지 매 실컷 맞고
처세를 깨달았다.

# 군대

매 맞아야 잘한다.
기강 잡는다고
입으로 나불거려봐야
의미 없다.
한 시간 잔소리보다
한 대 매가 낫다.
이유 없는 매 비난하되
이유 있는 매까지 탓하지 마라.

# 개그맨

스물다섯에 개그맨 되고
군대 재입대 한 줄 알았다.
군생활 잘하고 즐기다 온 게
여기서 통하더라.
군생활 쓸모없다던데
나는 그 덕에 개그맨 금방 적응했다.
세상을 탓할 시간에
최선을 다하면 남는 건 뭐라도 있더라.

# 스파르타

개그맨 생활
군생활보다 빡셀 거라고
각오하고 시작했는데
그 정도는 아니더라.
난 오히려 스파르타 방식이 좋다.
각오하고 시작하면 무서울 거 하나 없더라.
다들 지레 겁먹어서
시작도 하기 전에
두려워할 뿐이지.

인생살이 겁만 안 먹으면
뭐가 두렵냐.
놀이터지.

# 선배님

강압적인 선배님.
못하는 놈한텐 채찍질,
잘하는 놈한텐 무한한 당근.
"될 때까지 버텨.
못 버텨? 그럼 나가."
사실 생각해보면 가장 자상하던 선배님.
지금도 유일하게 연락하는 선배님.
진짜를 키울 줄 아는 선배님.

엄격한 것도 아무나 할 수 있는 게 아니라는 걸
나이 먹고 깨닫는 요즘.

# 술 한 잔

마지못해 따라갈 바에야 즐기는 게 낫다.
안 그러면 꼭 일이 터진다.
즐기지 못하면 결국 대립한다.
아이러니한 건 대립했던 사람과
결국 술잔을 기울인다는 거다.
어차피 한 잔 술에 다 털어낼 거
왜 그랬는지 모르겠다.
다 떠나도 난 남아있었어야 했는데
난 못된 빡빡이다.

# 내 생각

남 생각에 휘둘리지 말고
내 생각을 따라가야 한다.
남들 모두가 누군가를 떠나도
내가 그 누군가를 믿는다면
내 생각을 따라가야 한다.
내 고집을 부렸어야 했다.

"다른 사람은 몰라도 네가 날 떠날 줄 몰랐다."
그 말에 엉엉 울었다.

머리카락도 없는데 울기까지 하면
못생긴 애기 같다.
귓구멍만 빼고 다 고쳐서 잘생겨졌는데.
얼굴이 아까워서라도
내 생각만 따라간다.

# 처세

난 왜 사람들에게 사랑받지 못하고
관심받지 못할까.
알아보는 사람은 있는데
사인해달라는 사람은 왜 없을까.
연예인은 그러면 안 되는 거잖아.
브라운관에서 왜 날 불러주지 않지?
내가 뭐가 잘못됐을까?

생각해보니까 처세더라.

이리 따라 저리 따라
파도에 밀려 사느라
내가 처세를 잘해야 할 사람한테 잘못해서
혹이 생기고 미운털이 박혔다.

내가 능력이 있는데 왜 안 불러주지?
내가 저 친구보다 못한 게 뭐가 있지?

처세다. 인생살이 결국 전부 처세술이다.
내가 아무리 잘나도
결국 날 써주는 건 사람이니까.
사람을 남겨야 되는데
나를 남겼다.

이제는 알겠다.
세상 모든 일이 능사인 사람들,
처세에 능한 사람이라는 걸.

# 강강약약

강자한테 강하고
약자한테 약한 거
멋있는 거 잘 안다.
하지만 그렇다고
강자한테 약하고
약자한테 강한 거
나쁜 거 아니다.
세상 이치가 그런 거니까.

단, 강자한테 처세하느라

약자를 놓치지 않기만 하면 된다.

강약약강 강강약약

아무 의미 없다.

모두에게 잘하면 그만인 인생.

# 입장 차이

어렸을 땐
강한 사람 약한 사람
정해져 있는 줄 알았다.
그런데 나이를 먹고 보니
누군가에게는 강했던 사람이
누군가에게는 약한 사람이 되고
누군가에게는 약했던 사람이
누군가에게는 강한 사람이 되고
그뿐이더라.

우리 모두 그렇잖냐.

입장 차이일 뿐.

그러니 약자일 때 내 모습 잊지 말고

누군가가 나에게 약자일 때

내가 약자였을 때를 떠올리기만 하면 된다.

# 직업

연예인이고 깡패고 대표고 군인이고 선생이고
직업 귀천 없다.
어느 직업이든
못난 놈도 있고 잘난 놈도 있다.
직업에 대한 편견으로 사람 보지 말자.
직업이 못난 게 아니라
사람이 못난 거다.
못난 놈 뭘 하든 못났고
잘난 놈 뭘 하든 멋있다.

당신의 눈길이

사람의 내면을 향하길 바란다.

겉모습으로만 판단하는 사람치고

잘난 놈 하나 없다.

개그맨으로 태어나

온갖 직업 겪으며 느낀 진리.

난 직업이 미운 게 아니라,

그냥 미운 사람이 밉더라.

# 천억

그 사람 통장에
천억이 있든
일조가 있든
어차피 내 돈 아니다.

내가 얼마를 벌고
얼마나 잘났고…….
그런 거부터 말하는 사람치고
좋은 사람 본 적 없다.

가진 게 돈뿐이라
자기를 돈으로만 보여주는 거다.

얼마가 있든
자신이 가진 것보다
스스로의 진솔한 모습을 보여주는
그런 사람이 난 좋다.
무슨 차를 타는지 나는 관심없다.
내 차도 아니다.
람보르기니 타면 나 줄 거야?
달라고 하면 줄 거야?

그럼 고맙고.

# 나이

이십 대 때는 다 컸다고 생각했다.
삼십 대 때는 내가 옳다고 생각했다.
사십 대 때는 더 배울 게 없다고 생각했다.
다 틀렸다.
배움에는 끝이 없다.
알 거 다 알고 배울 거 다 배우고
내가 옳은 줄 알았는데,
누군가 뒤에서 나를 욕하고
내 사람이 말없이 날 떠나간다.

내가 아는 것 중 가장 중요한 건

나는 아직도 모른다는 거다.

# 불혹

사십 대가 되면 인생의 반을 살았다고 할 수 있다.

그래서 사십 대를 불혹이라고 부른다.

아니 불, 혹할 혹.

혹하지 아니한다.

그런데 난 사십 대에 사기를 당했다.

사십 대에는 혹하지 않는다는 말에

난 혹해서 사기를 당했다.

옛말은 틀린 거 없다던데.
가끔 틀리나 보다.
망할 옛사람들 말 믿다가
사기당했다.

# 여보

내가 요즘 소홀했나 싶을 때 톡 하나 보낸다.
"내가 요즘 많이 소홀했던 것 같아."
"아기 키우고 집안일 하느라 고생이 많지?"
"누구보다 잘하고 항상 고맙고 미안하고 사랑해."
써놓고 오글거려서 바로 말한다.

"아 잘못 보냄."

뻔히 아는 장난.
못난 개그맨 남편 만난 와이프
유일하게 웃길 줄 아는 게
내 재능.

# 은이

"와이프한테 한 번씩 이런 카톡도 해요.

'사랑하고 미안해.

내 마음 알지?

더 노력하고 잘해줄게, 고마워.

우리 와이프 최고, 고마워 은이야.'"

"사모님 성함이?"

"미애요."

# 바람

바람피우는 것들 잘 들어라.

와이프한테 잘해라.

돈으로 된 처세든

애정에 대한 처세든

시간적인 처세든

이게 소홀해지면 걸린다.

처세를 유지할 줄 알아야 바람도 안 걸린다.

그리고 만약 바람피우다 걸려도
평상시 처세를 잘하면
한 번은 용서해준다.
　‘얘가 이런 놈이 아니었는데 왜 이렇게 됐지?’
이 생각으로 한 번은 용서한다.

근데 처세 안 된 놈들
바람피우다 걸리면 바로 위자료만 물어주는 거다.
　‘이놈 이럴 줄 알았어’
하고 끝나는 거다.
처세만 잘하면 기회도 생긴다.

내가 바람피운다는 건 아니고.

인간의 한자어는 사람 인(人), 사이 간(間)이다.

우리는 사람과 사람 사이에서 비로소 자신의 가치를 찾는다.

그렇기에 스스로 나 자신을 어떻게 생각하느냐보다

누군가와의 관계 속에서의 내 행동과 모습이 나라는 사람을 정의한다.

그리고 그것이 바로 나는 '처세'라고 생각한다.

처세는 모든 인간관계의 기본이자

나아가 나는 어떤 사람인지를 정의해준다.

나와 함께하는 사람들을 나의 또 다른 자아라고도 하지 않는가.

사람과 사람 사이에서 우리는 자신의 가치를 깨달으며

실수하며 후회하기도 하고, 자신의 장점을 찾아가기도 한다.

우리 삶의 기틀이자 모든 것을 형성하는 것이다.

하지만 그 기본이 제일 어렵다.

내 곁을 지켜준 소중한 사람에게 한결같은 태도를 보여주는 것.

조금 잘됐다고 거만해져서 아래로 보지 않는 것.

곁에 둔 사람마다 차등을 두지 않고 같은 태도로 모두에게 임하는 것.

인간은 결국 자기 자신만 생각하도록 이기적으로 설계됐고,

자본주의 사회에서 살아남기 위해 자신에게 필요한 것들만 찾게 되기 때문이다.

그렇다고 그런 선택들이 매번 긍정적이고,

인간이 이기적인 만큼 자기 자신을 위하게 되는 결과로 돌아오는 것도 아니다.

필요한 사람에게만 잘한다고 해서 필요한 것들을 얻게 되지 않아서다.

사람을 대하는 태도에서 나에 대한 평판이나 가치관이 규정되고,

나라는 사람 자체를 평가절하되게 만들기도 하기 때문이다.

그렇기에 심플하게 나아가 모두에게 잘하는 것.

인간적인 모습으로 살아가는 것이 바로 처세의 핵심이다.

별것 아니기도 하지만, 인생의 전부이기도 한 것.

그러나 앞서 말했듯이
인간이 원래 그렇게 프로그래밍 돼 있어서
참 이게 쉬운 듯하면서도 어렵다.
이기적으로 자신을 먼저 생각하고,
그 과정에서 다른 사람에 대한 배려를 안 하다 보니
이 당연한 걸 놓치게 된다.
당신 곁에 있는 소중한 사람들의 가치를 잊어서는 안 된다.

내가 대단한 것이 아니라
함께하는 이들이 나를 대단하게 대우해줄 때
우리는 대단한, 멋진 사람이 되는 것이다.
내가 아무리 속으로 멋있는 가치관을 가진들
아무도 알아주지 못하면 한 줌 의미 없어진다.

알아주는 사람이 있고, 그 알아준 만큼 상대방에게 베풀 때

비로소 하나의 인격이 완성된다.

이 사실을 잊고 나 하나만을 중심으로

세상이 돌아간다고 여기며 살아가면

당연하게 내 곁을 지켜준 이들은 하나둘씩

나도 모르는 사이에 떠나갈지도 모른다.

지구가 다이아몬드로 뒤덮여 있다고 한들

인간이 단 하나도 존재하지 않는다면

누가 그 다이아몬드의 가치를 알고 세공을 거치겠는가.

잊지 마라.

잘못을 인정해야 할 때 깔끔하게 인정하고 개선해라.

일이 잘못됐을 때 변명하지 말고 사과해라.

그 계기를 발전 삼아 더 나아가면 된다.

살다 보면 억울한 순간도 있다.

그런데도 고개를 숙여야 한다면 깔끔하게 사과해라.

여기서 더 보태자면

표정과 말이 따로 놀게 하지 마라.

고개 숙여 사과해야 할 때가 온다면 진심을 담아 사과해라.

먼저 반성하고 다시 잘해보겠다는 결의를 담아 담백하게 내 감정을 전해라.

그 담담함 속에서 상대는 내 진심을 알아차릴 것이다.

# ( chapter ) 2

# 뒤통수 조심해라

— 나락에 대비하는 태세 —

# 그릇

10이 끝이라면

난 10을 보고 달려간다.

도달하지 못할 수도 있다.

그럼 못해도 7에서 8은 할 수 있지 않겠냐.

애초부터 그릇이 작아서 5만 바라보는 사람들,

겸소해서 5를 보는 게 아니다.

그릇이 작은 거다.

작은 것에서 행복을 찾는 사람들을

말하는 게 아니다.

5만 바라보는 것들,
5를 이루면, 자기가 5가 될 때까지 이끌어준 사람을
배신하고 떠나간다.
자신의 한계를 5로 정해두니까,
전부 다 이루었다고 생각하고
독립해버린다.

자기를 이끌어준 사람도 알아보지 못할 작은 그릇,
더 담을 거 아무것도 없다.
떠나는 것도 요령이고 그릇이다.

그 작은 그릇 가득 채워놓고
세상 모든 것을 담아낸 줄 알다가
넘쳐흐를 때 깨달을 거다.

누군가와 함께 담을 수 있음에
세상만사 담아내도
넘쳐나지 않았음을.

밥그릇 한 공기 달랑 들고
자기 잘난 맛에 뛰쳐나가봤자
할 수 있는 건
밥 동냥뿐이라는 걸.

# 쓸모없는 처세

가장 가까운 사람한테 처세 잘하고
함께 일을 만들어갔다.
함께 고난 헤쳐가며 일도 잘 풀려서
좋은 결과를 얻어냈다.
그럼 어떻게 하면 되겠냐.
그 사람이랑 지금까지 했던 것처럼
앞으로 쭉 함께 나아가면 되는 거다.

근데 왜 사람은 바보 같은 짓을 할까.
지금까지 쌓아 올린 신뢰 두터운 사람 버리고
굳이 새로운 사람을 만나
0에서부터 다시 시작한다.

왜 자처해서 자신이 쌓아 올린 성을
무너뜨리는 걸까.
왜 굳이 새로운 사람과 새로운 시작을 하려는 걸까.
왜 함께 고난을 함께하며 굳게 결속된 관계를
저버리는 걸까.
왜 평생 함께할 사람이라고 해놓고,
그 함께할 사람이 매번 바뀌는 걸까.

그들에게 도대체 평생은 무슨 의미일까.
평생이란 한 인연이 시작하고

끝날 때까지가 아니라,
정말 한 사람의 삶을 통째로 이야기하는 건데.

평생이라는 단어를 함부로 써놓고
평생을 누군가와 함께할
용기도 없는 사람투성이다.

기꺼이 누군가를 믿고
매번 상처받는 나지만
난 그래도 기꺼이
참된 평생으로
누군가와 평생 함께하고 싶다.
그게 내가 생각하는 처세니까.

배신당해 상처 나고 아파져도
그 끝에 평생이라는 그 말,
제대로 이해할 줄 아는
전우 한 명만 곁에 남아도
성공한 인생이니까.

# 자습서

어렸을 적 자습서 산다고 속이고
오락실 가던 시절,
부모님이 모를 것 같았다.
속아준 거더라.
나이 먹고 보니까 나도 이제 보이더라.
거짓말하는 표정.
거짓말하는 말투.
변명이 많으면 거짓말이 많은 거다.
그것만 알면 된다.

# 뒤통수

하고 싶은 말 참다가
나중에 뒤통수 칠 바에야
앞에서 욕을 해라.
싫은 소리, 아쉬운 소리 하기 어려운 거 안다.
나를 믿고 따르는 만큼
내가 불편할 테니까.
근데 믿고 따르기 때문에
불편해서 싫은 소리 못하다가
뒤통수친다고?

한참 잘못됐다.
싫은 소리, 아쉬운 소리
면전에다 대놓고 할 수 있는 거,
그거 잘못된 거 아니다.
좋은 처세다.
뒤통수는 맞으면 얼얼해도
앞통수는 맞으면 시원하더라.

좋은 소리는 원수하고도 할 수 있다.
싫은 소리 할 줄 아는 게 진짜 용기다.

# 기교

이제는 다가오는 사람을 믿지 않는다.
내가 다가가고 싶은 사람을 믿는다.
나한테 다가오는 사람들,
내 배경 보고 아부 떨기 바쁘다.
얻을 게 있어서 다가오고
다 얻으면 내 곁을 떠난다.
내 배경 보고도 똑같이 대해주는 녀석
나한테 아부 한번 떨지 않는다.
자기 할 일 성실하고 묵묵하게 해낼 뿐.

누군가를 대하는 것도 처세지만,
묵묵히 자기 할 일 하는 것도 처세일 수 있구나
그 녀석 보면서 느낀다.
자연스레 사람들을 끌어당기니까.

남한테 잘 보여 뭐 얻으려는 애들
기교 부리기 바쁘고,
제대로 처세하는 이들 진정성이 묻어난다.
사람을 얻고 싶다면
먼저 자기 할 일 묵묵히 해나가라.
변하지 않는 건 모든 게 변한다는 사실 뿐인데,
그런 녀석들 참 한결같아 좋다.

# 사짜

사기꾼도 가만 보면
아무나 못 한다.
처세가 장난 아니다.
식당 예약부터
술도 알아서 척척
안주도 알아서 척척.
강남 사기꾼도 가만 보면 사이즈가 있다.

사기도 아무나 치는 거 아니다.
능력 있어야 치는 거다.
그 능력을 잘못 써먹는 게 문제지.

그래서 내가 사기를 세 번 당했다.
개새끼들.

있는 척도 능력이다.

# 실전

매년 매달 이런 저런 일 겪으며
이젠 뒤통수 안 맞겠지,
이젠 누구한테 안 당하겠지.
그럴 줄 알았는데, 또 당한다.

많은 일 겪으며 도를 깨우친다고 생각했는데
그런 거 없다.
도 닦으려면 저기 계곡 가서 냉수마찰 해라.

인생 실전에서는 아무리 깨우쳐도
또 무슨 일 생기기 마련이다.

아무 일도 생기지 않기를 바라지 말고
무슨 일이 생겨도 견뎌낼 수 있을 만큼
강해지는 방법만 있을 뿐.

# 노력

하늘은 스스로 돕는 자를 돕고
노력은 배신을 안 한다며?
잘만 배신하던데.

# 없는 척

딱 봐도
돈 잘 벌고
집 좋고
여자도 많고

근데 자기는 아니래.

재수 없는 건 똑같은데,
밉지는 않잖아.

# 충신

역사적으로 충신들 목 베이고
간신들이 잘 살아남았다.
주군 위해 충언 내뱉었다간 비명횡사하고
손바닥 닳게 비벼가며
알랑방구 낀 간신들 무병장수했다.

충신들 목 붙어있고
간신들 목 떨어졌어봐라.

모시는 사람한테 싫은 소리 시원하게 하겠지.
아무 소리 없다가 뒤통수치는 일 없어졌겠지.

비열한 사고방식,
우리는 그러지 말자.

# 친일파

역사적으로도 처세 잘한 것들
배불리 잘 먹고 잘산다.
친일파 봐라.
지금도 배불리 잘 먹고 잘산다.
독립운동했던 분들,
그분들의 후손들은 지금도 형편이 좋지 않다.
친일파 옹호할 생각은 없지만
인간의 생존본능까지 욕할 수는 없다고 생각한다.

세상에 저항한 이들, 후대가 기억하지만
세상에 순응한 이들, 삼대가 풍족하다.

인생이란 결국
영화 '배트맨 다크나이트'에 나온 대사처럼
둘 중 하나다.

"영웅으로 죽거나,
오래 살아남아 악당이 된 자신을 보거나."

# 좌파고 우파고

사람 생각은 모두가 다른데,
누가 맞고 누가 틀리고
누구는 좌파고 누구는 우파고
가족들 모인 밥상머리에서도
시끄럽게 밥풀 튀겨가며 소리 지른다.
가족이면 다들 같은 한 뜻이어야 하나?
뭔가 잘못됐다.
가족끼리도 다를 수 있는 거 아닌가.
난 그래서 우리 가족이 좋다.

선거 때 엄마, 아빠, 나, 형.
한 명은 일 번
한 명은 이 번
한 명은 삼 번
한 명은 사 번
그래도 누가 밥상 안 뒤엎고
누가 집 안 나가고
누가 소리 안 지르고
누가 멱살잡이 안 한다.

좌파고 우파고
누가 내게 민주주의의 미래를 묻는다면
우리 가족을 보라고 당당히 대답하고 싶다.
우리 집안 잘 돌아간다.

사람들도 그랬으면 좋겠다.
누구 뜻에 따라서가 아니라
자기 생각대로 살았으면 좋겠다.

# 라인

실세를 알아보고 라인을 탄다?
금방 뽀록난다.
줄타기 싸움,
줄다리기 때나 해라.
주변 사람들한테 공평하게 잘하는 게,
진짜 라인 잘 타는 거다.

이정표 꽂고 한 길만 걷지 마라.
한 번은 해 먹을지 몰라도 오래 못 간다.

라인 탈 생각하지 말고,
나를 따라주는 아랫사람에게
잘하는 연습부터해라.
아랫사람한테 잘하는 게 더 어려운 법이다.
나를 믿고 따르는 사람이다 보니
자연스럽게 편하게 하대하고 싶어지니까.
근데 그걸 이겨내고
아랫사람도 존중하는 법을 배운다?
그게 진짜 어려운 거다.

그것부터 잘하고 나면,
윗사람이 몇 명이든 라인 같은 거 타지 않아도
모두에게 잘하는 법을 배울 수 있게 된다.

내 태도를 함부로 하지 않는 법을
자연스럽게 터득하게 된다.

아랫사람에게 하는 처세는 기반이고,
기반이 잘 다져진 처세는 무너지지 않는다.
기초공사가 제일 중요한 법이니까.

라인 타고 동아줄 잡아 하늘로 올라가봤자
태양에 가까워져 타죽는 거다.
기반 다져 한 계단씩 올라가면
눈부신 정상에 도달한다.

# 관계의 안목

그릇의 크기는
사람을 알아보는 안목에서 드러난다.
사람은 자신이 할 수 있을 만큼, 보이는 만큼 본다.
경험해보지 않은 것을 자신이 판단할 수는 없기에
상대방을 알아보는 안목이
동시에 자신이 어느 정도의 가치를 지닌 사람인지
증명하기도 한다.

그렇기에 남에 대한 험담이나 경솔한 판단들이
자신의 가치를 깎아내리게 되는 것이다.
하지만 그릇이 작은 사람들은,
남들의 가치를 알아보는 것이
동시에 자신의 가치를 증명하는 것이라는
간단한 개념조차 이해하지 못하기에
섣부르게 행동하며
자신의 가치를 낮춰버리는 것이다.

여기서 문제는 자신의 그릇이 작음에도 불구하고
스스로 대단한 사람이라 여기며
자신의 협소함을 포장하기 위해,
성장하기 위해서 스스로 진취적으로 나아가는 것이
아니라 누군가를 깎아내리면서

상대적 우월감을 느끼는 이들이다.
타인의 가치를 알아볼 줄도 모르며,
진취적인 태도를 보일 줄도 모르는
아주 위험한 이들이다.

사람들이 모른다고 생각하지 마라.
당신이 깎아내린 그 '누군가'는
지금 누군가의 입방아에 오르고 내리는
'누군가'로서 당신이 될 수도 있다.
다른 이들이 나를 평판할 때 어떻게 평가될지
당신의 현 모습을 잘 돌아보라.

눈치가 없는 사람은 차라리 낫다.

세상 물정 모르고 좀 어벙할 뿐

누군가에게 피해를 주지는 않는다.

미울진 몰라도 재수 없지는 않다.

잘못된 걸 잘못됐다고 알려주면 받아들이고,

그래도 발전하기 위해서 노력한다.

민감하지 못해 상대방의 마음을 잘 헤아리지 못하는 것뿐이지

누군가에게 피해를 주려고 한다거나

자기 자신을 위해 남들을 짓밟고 올라서지 않는다는 소리다.

그런데 염치까지 없는 사람은 심각하다.

자기 자신을 위해 누군가를 가뿐히 밟고 올라선다.

자신의 이기심을 채우기 위해 누군가가 피해 보는 걸 전혀 신경 쓰지 않는다.

염치의 사전적 정의가 '체면을 차릴 줄 알며 부끄러움을 아는 마음'인데

부끄러움을 모르기에 자기 자신을 위해 어떤 짓이든 하게 되는 것이다.

그러다 보니 자신을 지키기 위해 거짓말도 스스럼이 없다.

정말 총체적 난국이다.

눈치가 없고, 염치도 없고, 거짓말까지 잘한다?

무게감이 없고, 또 거짓말을 숨 쉬듯 쉽게 하기에

이런 사람들은 밑천이 금방 드러난다.

아무렇지 않게 눈 하나 깜빡이지 않고 거짓말하며,
매번 매 순간 상황을 모면하기 위해 거짓말하며,
스스로 모순된 삶을 사는 것조차도 모른 채 자기 자신을 속이는 것이다.

한 번은
"어, 몰랐습니다", "깜빡했습니다", "~~해서 그랬습니다" 변명을 늘어놓는데
모르는 것도 죄다. 잊어버린 것은 잘못 아닌가.
남 탓하며 상황과 외부 탓을 하면 끝도 없다.
거짓으로 얼룩진 삶 속에서 자기 자신마저 거짓투성이가 되고
어느 순간부터 자기 자신을 잃어버리기 시작한다.
어디서부터 시작됐는지도 모르는 거짓이다.

자기 자신을 위해서 시작한 거짓말이 역으로 자신을 지배하기 시작한다.

결국 걷잡을 수 없는 혼돈으로 빠져들고 만다.

거짓이라는 게 원래 그렇다.

상대의 마음을 헤아리려 하지 않으니 거짓된 행동이 나오고

속으로 생각하는 바가 '탓'뿐이니 생각이 말로 나오는 것뿐이다.

반성하며 부끄러워하는 태도가 없으니 이런 언행을 고치지 않는다.

거짓된 가면을 쓰면 언젠가는 벗겨지기 마련이다.

시간이 가면 갈수록 본성이 나오고 원래 버릇이 나오기 때문이다.

숨기고 숨겨도 언젠가는 밑천이 바닥난다.
차라리 조금 내가 못난 인간이어도
자기 자신을 솔직하게 내세울 줄 아는 것이 진솔하고 인간답다.

부끄럽고 부족하더라도
순간의 상황을 넘기기 위해 입을 닫고 있지 말자.
상대방이 물어보고 나서야 얘기하며 이런저런 핑계를 늘어놓지 말고 정면 돌파하라.

떳떳하게 당당해라.
거짓말할 때만 뻔뻔하지 말고.

( chapter )

# 3

# 지옥도 참다보면 즐길 수 있다

— 세상을 견디는 자세 —

# 조언

내가 책을 쓴다고 하면 누가 뒤에서 그러겠지.

"지는? 지나 잘하지? 지가 뭔데?"

물론 나도 실수투성이 빽빽이.

그런데 적어도 매 순간 유쾌함을 잃지 않고

올바름이 뭔지 고민하는 인간 김형인.

내가 겪은 힘듦을 이렇게 글로 쓴다면

누군가는 내가 느꼈을 후회들을

피해갈 수 있지 않을까.

듣는 이에게는 조언.

듣지 않는 이에게는 잔소리.

# 뜬 놈

좀 뜨더니 놀러만 다니고,
알지도 못하던 유명인들하고만 어울려 다니고.
늘 옆에 있어주는 파트너한텐 소홀하고,
새로 만난 사람들한테는 알랑방구.
그런 사람은 늘 옆에 있어준 사람이
지금 자기 성공의 기틀이라는 걸 모르더라.
기틀이 튼튼해야 그 위치를 지키는데.

죽어라 싸우고 얘기했다.

넌 오래 못 갈 거라고.

오래 못 가더라.

잘나간다고 새로 만난 사람들한테 백날 잘해봐야

널 받쳐주는 그 든든한 한 사람 사라지면

결국 제자리다.

뜰 놈이 따로 있어서 뜨는 게 아니다.

네 옆에 있는 가장 가까운 누가 띄워준 거지.

# 거만

자만보다 무서운 게 거만이다.
자만은 스스로를 너무 믿는 거라
나중에 후회해도 자신만 탓하고 변하면 되는데,
거만은 자만을 남한테까지 보여주는 거라서
시간 흐르고 후회할 때쯤이면
다 내 곁을 떠나고 남은 사람 하나 없다.

꼴 보기 싫은데 그래도 나름 귀엽다?
그럼 자만이다.
꼴 보기 싫은데 정도 털린다?
그럼 거만이다.
자만한 놈 잘 타이르되
거만한 놈 떠나보내라.

# 눈치 염치

눈치 빠른 것들

얍삽하니 거짓말 잘할 것 같지?

아니 눈치 빠른 것들 오히려

거짓말 안 한다.

눈치가 있기에 오히려 정정당당하게

진실만 얘기한다.

거짓말의 말로가 뭔지 아니까.

눈치도 없고 염치도 없는 것들
순진할 것 같지?
아니 세상 물정 모르니
자기 깎아내리는 줄도 모르고
오히려 쉽게 거짓말해댄다.

얍삽하게 살아라.
얍삽할수록 내 실리 챙기고
당당하게 살라는 거다.
거짓말하며 스스로를 벼랑으로 내모는
바보 같은 짓
눈치 없는 짓 하지 말고.

# 행복지수

인기 좋고 주변에 적도 없는데
이상하게 금전적으로 여유는 없는 친구.
그런데 인생이 행복한 긍정적인 친구.
세상에서 제일 존경스럽더라.
진짜 작은 거 하나에 만족하는,
소위 말하는 행복지수 높은 사람.
진짜 행복을 알고 가치를 아는 사람.
난 돈 많은 사람보다 그런 사람이 제일 부럽더라.

# 유쾌함

동료 한 명이 자기는 어릴 때
남자다운 게 멋있다고 생각했단다.
그때가 제일 힘들었을 때고.
남자는 남자다운 게 좋은 거라고 생각했던 게
창피하단다.
이제 와서 보니 부질없대.
난 그럼 욕한다. 장난친다.
힘들었을 때 얘기하면서 분위기 잡는 거
내 스타일 아니다.

속마음 털어놓고 진지하게 얘기하는 거
그런 거 오글거려서 오래 못 하겠다.
마음으로는 받아들이되
늘 장난치며 유쾌하게 마무리짓는다.
짧은 인생
난 유쾌한 게 좋다.

# 아픔

깨달음이나 배움 같은 건
좋은 것에서 오지 않는다.
배신이나 아픔을 통해서만 오더라.
좋은 인생만 이어지면
깨닫거나 배울 필요가 없으니까.
그런 삶도 나쁘진 않겠다만,
난 풍파를 견디며 나아간 내 삶이 좋다.

믿었는데 왜 배신했지?

우리가 왜 이렇게 됐지?

내가 사람 보는 눈은 좋은 줄 알았는데 아니었네?

아프고 힘들고 나면 한 단계 더 단단해진다.

난 앞으로도 실컷 아플 준비 돼 있다.

지금까지의 아픔이 지금의 날 만들었다.

# 좋은 사람

학창 시절에는 같은 반 친구들이랑 논다.
나이 먹으니 일로 보는 사람들만 본다.
보고 싶은 사람보다
봐야 하는 사람을 만난다.

학창 시절에는
같이 재밌게 놀 수 있으면
좋은 사람인 줄 알았는데,

보고 싶은 사람 말고
봐야 하는 사람 보다 보니
성실한 사람만큼 좋은 사람 없더라.

성실한지 아닌지를 어떻게 판단하냐고 묻는다면
이것만 알면 된다.
자기가 해야 할 일이 뭔지 아는 사람.
남이 시키기 전에 먼저 스스로 움직이는 사람.
함께하는 이들에게 피해주지 않는 사람.
그래서 마음이 가는 사람.

# 악플

맨 처음 악플들 달릴 땐
그렇게 힘들었는데
요즘엔 악플 보며 생각한다.
좀 신선했으면 좋겠다고.
이제는 부모 욕도 아무렇지 않다.
비난도 노력해서 해라.
앞뒤 맥락 없는 욕은
나같이 세상 풍파 다 겪은 놈한테는
일말의 타격감도 없다.

오히려 난 요새
신선한 악플에는 감탄한다.

개그맨으로 살면서
대중들에게 알려졌을 땐
비난받는 게 지옥 같더니,
참다보면 즐길 수 있게 된다.
삶은 놀이터지, 지옥이 아니다.
다만 미끄럼틀도 처음 탈 때 무섭듯이
적응할 시간이 조금 필요할 뿐.

우리 모두 겪는 힘든 시간,
포기할 필요 없다.

# 손목

너무 힘들 때
손목에 한자로
한 일 자(一)를 적었다.

못난 놈 죽지도 못할 거
다음날 붕대 감고
형 결혼식으로 향했다.

화가 나더라.

남 깎아내리지 못해 안달인

그런 것들 때문에 흉터 남긴 나 자신에게.

그때부터 그 한 일 자(一) 보며

일등이 되기로 한다.

누구 때문에 죽을 바에야

일등이 되겠다고 다짐했다.

죽을 각오 한 번이

오히려 열심히 살 결심이 되기도 한다.

# 냄비근성

우리나라 사람들
냄비근성 심하다고
다들 욕한다.

난 오히려 좋다.
금방 달려들면서 싸잡아 욕하다가도,
금방 잊어버리고 용서한다.

민족성을 한 개인이 어떻게 바꾸냐.

바꿀 수 없다면

받아들이는 내 사고방식 바꾸면 그만.

## 욕

누구한테 비난받고 욕먹을 때
힘들어할 필요 전혀 없다.
보통 누가 나를 뜯고 씹고 욕한다는 건
그 사람이 나보다 못난 경우이기 때문이다.
나보다 뛰어난 사람은
나에게 조언을 해주지,
보이지 않는 곳에서 헐뜯지 않는다.
나보다 못난 사람 때문에
힘들어할 필요가 있나?

길 걷다가 하찮은 모기가
한국어로 네 단점을 지적한다고
집에 돌아가 이불 속으로 숨어
온종일 눈물을 흘릴 일은 없을 거잖아.
“이게 뭐라는 거야?”
하잘것없는 건 무시하면 그만.

그들을 모기로 비유하는 게 부적절할지 몰라도
나 욕하는 사람 감쌀 만큼 난 대인배도 아니다.
사람으로 태어나 그 정도 협소함은 가져도 된다.
그건 인간적인 거니까.

# 문제

뭔가 문제가 있다면 원인은
내 안에서 찾아야 한다.
도박 잘못해서 패가망신했으면
나한테 도박 가르친 친구 잘못이 아니라
따라간 내 잘못이다.
친구 믿고 투자하다가 꼬꾸라졌어도
잘못된 정보 알려준 친구가 아니라
덥석 그 정보를 믿은 내 탓이다.

세상을 탓해봤자 바뀌는 건 없다.

위기의 순간에 문제를 내 안에서 찾는 사람은

계속 성장한다.

안 되는 것들은 계속 세상 탓하고

뒷담화만 깐다.

세상 탓도 따지고 보면 남 탓이다.

세상 욕하는 것도 결국 뒷담화다.

# 사과

사회생활 하다 보면
하기 싫은 사과를 해야 하는 순간이 온다.
억울해도 고개 숙일 줄 알아야 한다.
그런데 가끔 있다.
사과를 하면서도 억울한 걸 티 내면서
말이랑 표정이 따로 노는 사람들.
사회생활 다시 배워라.
억울한 사과도 할 줄 아는 게
사회생활의 시작이다.

# 재수

내가 남보다 높아 보이려고 하면
남들이 나를 깎아내리고
내가 남보다 낮추려고 하면
남들이 나를 높여주더라.
곰곰이 생각해봤다.
왜 남보다 높아 보이려고 하면 깎아내릴까?
대답은 간단했다.

재수 없잖아.

# 구설수

과거에 한창 잘나갈 때
여러 가지 구설수에 올랐다.
처음에는 진짜 다 억울하기만 했다.
진짜 다 사실이 아니었으니까.

'사실이 아닌데 왜 내가 이런 일을 겪어야 하지?'
세상만 탓하니까 바뀌는 거 아무것도 없었다.

근데 또 한편으로 생각한 게

'아, 내가 똑바로 살지 않았구나.

똑바로 살지 않으면 하지 않은 일로도

억울한 일을 겪을 수 있는 거구나'

생각하기로 했다.

억울하다며 세상 원망해봤자

바뀌는 거 아무것도 없었는데

진실 여부를 떠나

내 안에서 이유를 찾으니

마음이 편해졌다.

마음이 편해지고 나니까

이런 생각도 들더라.

'똑바로만 살면 인생이 뭔 재미지?
나는 인생을 샌님처럼 살고만 싶지는 않은데.'

나를 향한 세상의 화살에
아파하며 피를 흘리는 것도 내 몫인데,
그 화살이 몸에 아무리 박혀도
아무렇지도 않아 할 수 있는 것.
그게 바로 마음의 힘이더라.
결국 내 세상의 주인공은 나고,
마음먹기에 따라 화살도 사라지는 법.

세상은 놀이동산이다.
실컷 즐기다가 가면 된다.

# 후회

안 되는 놈은 안 된다고 하더라.
문장 자체를 보지 말고 그 속뜻을 보라.
내가 항상 이야기하는 건
'노력은 배신하지 않는다'라는 고리타분한 얘기가
아니다.
우리는 어떤 일을 하게 되면 결과를 마주한다.
결과는 좋을 수도 있고, 나쁠 수도 있다.
인생은 오르막과 내리막의 연속이기 때문이다.

여기서 항상 상기해야 할 것은
결과에 대해서 후회할지언정
자신이 노력했던 과정에 대해서는
후회를 남기지 말라는 것이다.
최선을 다해도 원하는 결과가 나오지 않을 수 있다.
누가 인정 안 해주고,
바라는 만큼 일이 풀리지 않고
기대한 만큼 보상을 받지 못할 수 있다.
세상살이가 그렇다.

그런데도 '나는 노력 하나는 최선을 다했다'라고
자신에게 떳떳하게 말할 수 있을 만큼
열심히 하라는 것이다.

할 수 있는 일을 다 했음에도 후회를 남기는 건 미련한 짓이다.
결과는 아쉽더라도 나의 노력에 대한 과정은 인정해주자.
스스로에 대한 비난은 분명 필요한 것이겠지만
지쳐 쓰러져 있다고 바뀌는 건 없다.

그 시간에 다시 일어서서
유쾌하게 세상과 마주하며 더 나아가야 한다.
시간은 우리를 기다려주지 않으니까.
결과가 나쁠 수 있어도 과정에서의 자신을 인정하고 존중해주면,
우리는 언제든 다시 시작할 힘을 가질 수 있다.

나이가 들수록 느끼는 건 '성실한 사람은 못 이긴다'라는 점이다.

인간관계에서 모든 면에서 성실한 사람은 흔히 말하는 '좋은 사람'이라 칭송받는다.

왜냐하면 성실한 사람은 자신이 무엇을 해야 할지 알고,

어떻게 해야 하는지 아는 사람이다.

눈앞에서 훤히 보이는 보여주기식이 아닌

뒤에서 묵묵히 자신의 해야 할 일을 이해하고,

누군가가 알아주지 않아도 꾸준하게 맡은 바에 최선을 다한다.

처음엔 어떨지 모르겠지만, 시간이 지날수록 가치가 높아진다.

진국 같은 사람이다.

내 인생을 잘 살 줄 아는 사람이 주변 사람에게도 성실하다.

남부터 챙기는 사람들이 좋은 사람처럼 보이긴 하지만,

자신의 할 일을 먼저 하고, 자신이 챙겨야 할 몫을 먼저 챙기고

나눌 줄 아는 사람이 나는 더 좋다.

내가 배고픈데 누구를 어떻게 챙기겠는가.

이기적인 게 아니라 내가 먼저 자리를 잡고,

내가 해야 할 일들을 명확히 알고,

자기 자신에게 온전히 집중하는 것.

나는 이런 것이 진정한 성실함이라고 생각한다.

뭘 하더라도 게으른 사람은 하는 일이 잘 될 수가 없다.

부정적인 감정을 퍼트리고,

'으쌰으쌰' 힘을 북돋는 분위기도 떨어트리며, 될 일도 안 되게 만든다.

게으른 만큼 자기 할 일에 소홀하고,

그러다 보니 자신의 허점을 메꾸기 위해

남에게 잘 보이기 위한 보여주기식이 인생의 대부분을 차지하게 되는 거다.

게으르다면 차라리 여유롭게 살면 되는데, 역설적으로 더 피곤한 인생을 살게 된다.

자신의 허술함을 메우기 위해 보여주기식으로 벌여놓은 것들을 언젠가는 대처해야 하기 때문이다.

반대로 성실한 사람은 스트레스받기보다 에너지를 얻고 좋은 기운을 받는다.

함께하는 것만으로 즐겁고, 고민이 덜 생기고, 함께하는 자리가 재밌어지는 사람.

함께 나아가는 것에 있어서 이것저것 따지지 않아도 되니 마음이 놓인다.

어차피 알아서 다 잘해놓았을 거라는 걸 뻔히 알기 때문에.

분위기를 밝게 하는 사람이 꼭 웃기기만 하는 사람을 말하는 게 아니다.

자신의 자리를 지키며 묵묵히 있고, 그것만으로 주변 이들에게 큰 힘이 되어준다.

남에게 잘하기보다 자신에게 온전히 솔직한 것.
그게 진짜 성실한 거다.

# ( chapter )
# 4

어차피 어떻게든 넘어진다.
일어서라

— 성공도 실패도 쿠세 —

# 돈

외주로 영상 제작을 맡은 지인이 하소연을 했다.
클라이언트가 뭐 이렇게 바라는 게 많냐고.
내가 공감해주길 바라는 것 같았다.
미안한데 난 그런 거 못한다.

"형,
형이 받은 돈에
지금 당한 참견,
지금 먹은 욕,

그것까지 포함된 거야.
일 받아서 하는 것까지가 아니라
돈 준 사람이 주는 스트레스까지가
형이 받은 돈의 대가라고."

사람들은 그걸 모른다.
돈 받는 순간 스트레스를 견딜 각오를 해야 한다.
세계적인 부자들 검색해봐라.
빡빡이가 얼마나 많은데.
돈 벌고 싶으면 스트레스 견디는 능력부터 길러라.

# 가난

가진 게 없는 놈은
돈부터 벌려고 한다.
혼자서 버둥거려 봐야
하루 벌어 하루 먹고살 뿐이다.
그렇게 살기 싫으면
사람부터 남겨라.
처세를 잘해라.

사람을 남기다 보면
어느 순간 함께 뭉쳐
같이 나아가며
새로운 인생을 만들 수 있다.
혼자서는 내가 하루 벌어 하루 먹고살 뿐인데,
여럿이 뭉치면 몇 년을 함께하고
몇십 년을 먹고살 수 있다.

가진 게 없으면
닥치고 처세부터 잘해라.

# 결과

어떤 일을 하면
어떤 식으로든 결과는 나온다.
결과가 좋을 수도 있고
나쁠 수도 있다.

내가 늘 하는 말.
결과에 대해서 후회할지언정
과정에 대해서는 후회하지 말자.

결과가 나쁘면 다시 시작하면 되지만,
과정을 후회하면 다시 일어설 수 없게 되니까.

최선을 다했음에 후회하지 않는다면
언제든 다시 일어설 수 있는 인간이 된다.
우리가 할 수 있는 건
늘 더 최선의 결과를 얻기 위해
다시 일어서는 것뿐.

# 마음

"너 이렇게 하면 안 돼.
약해지면 안 돼."
내 마음이 나 자신한테 하는 이야기.
그걸 잘 따라주는 게
나를 위한, 나에게 하는 처세.

"너 할 수 있어.
이겨낼 수 있어" 해놓고

"아 씨, 뭐 이렇게 안 되냐."
이러면서 잘못되는 게 인생.

내 마음의 소리에 귀 기울이기.
마지막의 마지막 순간까지
나 자신은 믿어주기.

# 추잡함

돈 없는 놈 돈 없는 거
당연히 안다.
계산할 때
당연히 내가 한다.
그런데 열 번 얻어먹었으면
한 번은 말이라도
　“제가 낼게요”
하는 게 정상이다.

그렇게 말해도 힘든 거 알면,
평소 행실 똑바로 했으면,
말이라도 고맙다고
낼 놈이 알아서 낸다.
근데 추잡한 것들
그 말 한 번에 정말 자기가 계산할까봐,
말 한마디를 못한다.

너 좋다고 밥 사주는 놈들
이미 널 아끼고 있다는 거다.
돈 많아서가 아니라
아끼고 소중해서 사는 거다.

"이번엔 제가 내겠습니다."
말 한마디 한다고
네가 밥값 낼 일 없다.
오히려 계산한 놈이
그 말 한마디에
계산하고도 얻어먹은 것 같은 기분 느낀다.
돈 없어도 얼마든지 멋있을 수 있고
돈 많아도 얼마든지 추잡할 수 있다.

한 푼 아끼려다
추잡한 놈 되지 말고,
용기 내서 꺼낸 말 한마디
네 가치를 올려준다.

# 백지

개그맨 동기 중에 내가 꼴등이었다.

내가 관객인지 개그맨인지 헷갈릴 정도로

올릴 코너 하나 없고

자르겠다고 협박도 받던 시절,

개그맨 끼를 타고난 친구들이 너무 부러웠다.

나는 뭘로 이기지?

끼도 없고 웃기게 생기지도 않았어.

얼굴도 미남형이야.

그래서 아이디어에 몰두했다.

그러다 보니까 어느 날부터 어?
내가 이기고 있네?
타고난 놈들 가만 보면
평생 그것만 하고 산다.
근데 가진 거 없으면
발버둥치며 뭐라도 배우고 몰두하더라.
그러다 보면 어느새 더 잘하게 된다.

신이 나한테 재능으로 가득 채운 깜지로
다시 태어나고 싶냐고 묻는다면,
다시 태어나도 백지로 태어나
나 스스로 채워나가고 싶다고 대답할 거다.

# 술값

공짜 술 얻어먹었으면
택시비는 내줘야 하는 거다.
술값 내기 좋아하는 사람이 어딨어.
자기가 피땀 흘려 번 돈 쓰는 건데.
술값 백만 원 쓴 놈한테
택시비 삼만 원 아까울 것 없다.
마음의 크기는 같으니까.

# 불안감

살다 보면 때로 불안함도 필요하다.

'내가 이렇게 높은 사람을 만날 정도로 잘났나?'

매사 속 편하고 유쾌한 것도 좋지만

필요한 정도의 불안감은 사람을 겸손하게 만든다.

불안함은 나쁘고 편안함은 좋다는

이분법적 마인드,

바보 같은 거다.

어느 감정이든 어떻게 쓰냐에 따라

결국 나한테 득이 될 뿐이다.

# 성인군자

나는 공자님처럼
예수님처럼 부처님처럼
살고 싶은 마음 없다.
아니 애초에 그렇게
현자처럼 살 그릇도 안 된다.
화날 땐 화나고
다투기도 하고
욕하고 싶을 땐 욕하는
인간적인 내 모습이 좋다.

단, 매 순간 이전의 나보다는
좋은 인간이 되려고 노력한다.
나 먼저 좋은 인간이 되려고 고민하고
남들을 돌아보면,
그 정도면 된다.
사람으로 태어나 인간적인 모습 보이는 거
부끄러운 것도 추한 것도 아니다.
지극히 인간적인 거지.

# 나부터

나부터 생각하고 내 것부터 챙기고
조금 남겨서 나가면 남도 조금 챙기면 된다.
나 하나 못 챙기는데
남들 챙기는 사람 되는 건 아무나 못 한다.
자기 분수 맞게 사는 거 정말 중요하다.
세상이 나한테 이런 저런 올바름 강요한다고
그대로 따라갈 필요 없다.

윤리 시간에 나보다는 남을 먼저 생각하라 했다.
그럼 망하던데 뭘.
다 퍼주고 아무것도 없던데 뭘.
나부터 생각하고 남도 생각할 수 있는
여유를 가지는 사람들이
대체로 건강하더라.
착한 사람이 되려고 하지 말고
나부터 챙기는 사람이 돼라.
그리고 다가갈 때도 착한 사람 말고
본인 스스로 잘 챙기는 사람한테 다가가라.
사실 배려라는 건 그런 거니까.
희생하는 게 아니라, 자기 것 챙기고 남은 걸
함께 나누는 거니까.

# 연예인병

살면서 연예인병 걸린 놈들 많이 봤다.
귀여운 연예인병은 "나 좀 알아봐 줘."
악성 연예인병은 "나를 못 알아봐?"

알아봐 줌에 감사할 줄 알아야 한다.
좋아해주는 이들이 있기에 지금의 네가 있다.
그들이 있기에 지금의 자기가 있는 것도 모르고
모두에게 대접받기만을 바란다.

사람을 만나도 "만나주는 것"이 되고
기분 좋은 술자리를 가져도
자기가 "나와준 것"이 된다.
상대방한테 받는 것을 당연하게 여기게 된다.
사람 위에 사람 없고 사람 밑에 사람 없는데
한 번 연예인병 걸리면 약도 없다.

나 전성기 지나고,
왜 내 전성기가 짧았을까 생각해봤다.
전성기 시절 나는 연예인병 제대로 걸려있었다.
그 대가가 참 혹독했다. 몇 년을 고생했으니까.
돈도 떠나고 명예도 다 떠났다.

그래서 다시 일어선 뒤
내 곁에 모인 식구들한테
다른 건 몰라도 연예인병만큼은 걸리지 말자고
그렇게 애원했다.

됐다 싶을 때, 됐다고 생각하면 안 된다.
아직도 나아가는 중이다. 계속 움직여야 한다.
된 줄 알고 착각한 순간 모든 게 무너진다.
누구는 그렇고 누구는 그렇지 않은 일이 아니다.
한 사람도 빠짐없이,
연예인병 걸린 사람들의 말로였다.

주변에 누가 있어줌에
함께 이끌어줌에
모자람을 꾸짖기보다
타이르고 올바른 길을 알려줌에
먼저 길을 걸어본 선배로서
충고해주고 있음에
자신을 좋아해주는 사람들 덕에
내가 존재할 수 있음에
감사할 줄 알아야 한다.

안 그럼 좆된다.

# 지랄

가끔 인생이 너무 가혹하다.

'왜 나한테만 지랄이야?'

이런 생각이 들 만큼.

내 노력에 철저히 배신당하고,

죽어라 기를 썼는데 원하는 결과가 안 나온다.

모든 걸 갈아 넣었는데

철저히 유린당한다.

그때 세상을 원망하는 선택을 할 수도 있다.

그런데 그러면 끝이다.

아무것도 할 수 없는 인간이 된다.

'세상이 왜 나한테만 지랄이지?' 하고

어두운 방 안에 혼자 숨지 말고,

'세상이 왜 나한테만 지랄이지?

뭣 같네. 내가 더럽고 치사해서 한 번 더 해본다.'

이런 마음가짐이면 언젠가는 뭐 하나 걸리더라.

아니 사실 금방이던데.

# 아르바이트

자영업 할 때
직원들한테 매일 얘기했다.

"이게 네 평생 직업은 아닐 거 아니냐.
아르바이트 해봤자 얼마나 하겠냐.
서로 인연이 길지 않을 거잖아.
직장에서 일을 잘했는지 못했는지는
그만둘 때 안다.

그만둘 때 사장이 잡는다?
잠깐이지만 잘하다 가는 거야.
그만둔다는데 '그래 알겠다'
그땐 스스로를 돌아볼 필요가 있는 거야."

짧은 인생, 어디에서 뭘 얼마나 하든
뭐 하나는 남기는 사람이 되야 한다.
허송세월 보내기엔
인생은 짧고 내 머리도 짧다.

# 책

맨 처음 출간 제안을 받았을 때
존나 멋있는 말을 해야 할 줄 알았다.
입에 바른 소리,
뭔가 이상적인 얘기.
좋은 기회인 걸 뻔히 알면서
선불리 답장을 못했다.
내가 뭘 안다고 책을 쓰나 생각했다.

근데 생각해보니까,

그럴싸해 보이는 멋있는 말 없어도

내가 겪은 이야기들

고통스런 순간들

그리고 깨달은 것들

담백하게 넣어도

이 책을 읽을 사람들이

내가 겪었던 아픔을 겪지 않을 수 있겠더라.

멋없어도 멋있는 놈.

그게 나 인간 김형인이다.

# 가치

조금만 잘 되어도 기고만장해지는 사람이 있다.
'개구리 올챙이 적 시절 기억 못 한다'라고
잘 된 사람이나 부자에게 빌붙어서
어떻게든 본전이라도 건지려 하지만
정작 본인이 잘 됐을 때는 베풀 생각이 없다.

내가 할 수 있는 것과 줄 수 있는 걸
베풀며 살다 보면
그만한 대가를 얻을 수 있는 게 당연한 이치인데

본질을 모르고 인생을 쉽게 살려고 한다.
겉보기에는 번지르르한데 알맹이가 없다.
그런 사람은 오래가지 못한다.

자신이 잘됐을 때 곰곰이 생각해보면 그 이유는 내가 잘나서가 아니다.
내 가치를 알아주는 사람들이 옆에서 든든하게 백업해주고,
그들과의 소통 속에서 유의미한 결과물이 나오는 것이다.
세계적인 부자도, 대단한 대기업 회장도 절대 혼자 잘나서 성공한 이들은 없다.
함께 해준 파트너들, 나와 뜻이 맞는 이들이 있었기 때문이다.

내 장점을 잘 알고, 그것을 잘 활용해야 하지만
그만큼 누군가도 가치 있고, 그들과 내가 함께하며
시너지를 냈기 때문에 잘됐다는 걸 기필코 잊어서
는 안 된다.

모든 인간이 가지는 공통적인 욕구가 바로
'누군가에게 특별한 사람이 되고 싶다는 욕망'이라
고 하더라.
나 또한 누군가에게 특별한 사람이 되고,
누군가를 특별한 사람으로 여기면서
함께 기분 좋은 에너지를 만들어가는 것.
그것이 제일 중요하다.

함께 있으면 즐겁고 잘해주는 사람들,
형 동생 되고, 언니 동생 된다.
깊게 알아가기도 전에 좋아서 마음이 열리게 된다.
무엇을 줄 수 있는 사람이 되는 것도 좋겠지만
함께 하는 순간에 기분 좋은 사람이 되면
무언가를 얻기 위해서만 내 주변에 사람들이 몰리지 않고,
함께 하는 것만으로 가치가 생기기에 사람들이 모여들기 시작한다.
그렇다 보면
무언가를 줄 수 있는 사람이 되지 않아도
함께 무언가를 만들어가고 함께 얻어갈 수 있다.

진짜 가치 있는 사람이란 그런 사람이다.

가장 하지 말아야 할 처세라고 생각하는 것 중 하나가 있다.

그 사람이 가지고 있는 가치를 재고 따진 뒤

소위 말하는 잘나가는 사람이라고 판단될 때만

그 사람에게 잘하는, '라인'을 타는 식의 행동이다.

나에게 이득이 될 것이라는 판단을 전제로 두고

가까워져야 할 사람을 선택하는 지극히 생존을 위한 행동이라고 볼 수도 있다.

나에게 이득이 되기 위해, 좋은 결말을 위해서 그런 선택을 하는 것이겠지만,

역설적으로 이득이 될 것으로 생각 드는 사람만을 곁에 두는 것은

오히려 결과적으로 낭패만 가져오게 될 뿐이기 때문이다.

왜냐하면 그러한 행동은 결과적으로

나라는 사람에 대한 타인의 시선을 부정적으로 만들게 되고,

사회적으로 나쁜 평판을 듣게 만들며

모두가 나에게 등을 돌리게 하는 결과를 불러오기 때문이다.

우리는 사회적인 존재로서 조직안에서 타인과 상호작용하며 살아간다.

그런데 소수의 강자에게만 빌붙게 되면, 결국 많은 사람으로부터 등을 돌리게 되고,

소수의 강자라고 불리는 이들 또한 그런 편협함을 느끼게 되며

결국 아무에게도 존중받지 못하는 인간이 돼 버린다.

역설적으로 라인을 타며 소수의 사람에게만 잘하는 것이 아니라

모두를 동등하게 존중하고 공경하면

내 선한 영향력은 자연스럽게 아우라처럼 몸 밖으로 흘러나오고,

모두에게 사랑받는 사람이 된다.

그 '모두'에는 자연스럽게 내가 원래 따르고자 했던 '강한 사람' 또한 포함될 것이고.

내가 본 약자가 평생 약자일 거로 생각하는 건 착각이고,

내가 본 강자가 영원히 강자일 거로 생각하는 건 오만이다.

착각은 내가 남들을 사랑할 수 없게 만들고,
오만은 남들이 나를 사랑할 수 없게 만든다고 하지 않던가.
모두에게 사랑받으면 그만인 인생이다.

그렇다고 모두에게 사랑받지 못한다고 해서 좌절할 건 아니지만,
내가 말하고자 하는 것은 주변에 있는 사람들에게
누구에게는 더 잘하고, 누구에게는 더 못하고 할 것이 아니라,
똑같이 한 인간으로서 존경하고 존중하면
자연스럽게 나 또한 존경받는 인간이 된다는 것이다.

소수의 강자에게 빌붙는 것이 나에게 더 큰 이득이 될 것 같겠지만,

모두에게 받는 존중으로부터 나오는 힘이 더 크고 좋은 결과들을 불러일으킨다.

강자라고 한들 나에게 도움을 줄지 안 줄지는 미지수이고,

약자라고 한들 언제 눈부신 성취를 달성하고

나에게 도움을 주는 사람이 될지 모르기 때문이다.

실세를 알아보는 안목을 기르는 것도 중요하지만

모두에게 존경받으며 내가 그 실세가 돼버리면 그만이다.

진짜 강한 사람은 시체의 산더미 위에 군림하는 사람이 아니라

모두와 나란히 어깨동무하는 사람인 경우가 더욱 많다.

이 책의 마지막에는 그걸 얘기해주고 싶었어.

'비열한 삼거리' 멤버들을 대상으로 내가 생각하는 처세의 순위.

1번, 1번은 용맹이라고 봐.

개가 정말 처세 잘해. 지가 뭘 놓쳤다 싶으면 지가 먼저 또 연락해서 "죄송합니다" 이러고 자빠졌어. 그럴 필요도 없는 건데도. 누가 자기네 처세를 바라지도 않는데도 처세를 참 잘해. 그리고 자기가 끼어야 할 때와 빠져야 할 때를 정확히 알아, 그 친구는.

그리고 2위로 따지면 비빔밥이야.

이 친구는 항상 성실함으로 보답을 하니까. 지각 한 번 없고 자기 씬이 다 끝나도 끝까지 남아서 다 마무리하고 가니까. 남들은 가기 바쁜데 제일 먼저 오고 제일 늦게 가는 놈. 그것만 해도 사실 이 뭐랄까, 작품에 있어서 만큼은 최고의 처세지.

그리고 3위로 하면…… 3위, 3위, 3위…… 항아리.

이놈은 필요한 것만 해. 필요 없는 짓은 안 해. 필요한 건 꼬박꼬박 해. 뭔가 더 하진 않아. 근데 필요한 것만 딱.

4위로 따지면 이제 광어 형이지.

광어 형이 왜 4위냐면, 이 형은 참 좋은 형인데, 사람이 너무 어려워. 금전적으로 어려워. 돈 때문에 어려워. 처세를 하고 싶은데 자기 동생들한테나 뭐 주변인들한테 하고 싶은 건 보여. 마음 쓰는 건 보여. 이렇게 해야지, 저렇게 해야지 하는 마음이 너무 잘 보여. 근데 잘 안 돼. 돈이 없거든.

금전적인 처세가 부족하니까 몸으로만 처세했다고 해서 처세를 잘한다고 보면 안 돼. 그건 너무 이상적인 개소리고, 현실적으로 가야지. 그리고 맏형이다 보니까 얻어먹는 횟수보다 사야 하는 횟수가 더 많아질 수밖에 없잖아. 그런데 그걸 못 해, 돈이 없어서. 그래서 4위.

그래도 사람 자체는 너무 좋아. 사람은 인간 됨됨이는 너무 좋아. 처세 쪽으로 보면 하고 싶어도 못 하고 있는.

5위는 이제 뭉개.

이 친구는 엉망이지, 엉망. 처세라는 걸 몰라. 이 친구, 처세를 몰라. 아는데 모르는 척하는 건지, 몰라서 안 하는 건지 모를 정도로 몰라. 이 친구는 밥을 열 번 먹으면 열 번 얻어먹어. 내가 내 카드를 주면서 담배 심부름을 시킬 때 자기 거를 항상 같이 사라고 시킬 거잖아. 단 한 번도 자기 카드로 내 담배 사와 본 적이 없어. 여자를 만나도 혼자만 만나. 그리고 운전을 못 하다 보니까 늘 여기저기 많이 신세를 지는데, 처세라는 게 별거야? 미안하면 빈말이라도 해야지.

"아유 형님, 저 기름이나 한번 넣어드릴게요."

어떤 형들도 맨날 내 차 얻어타니까 기름이라도 넣어달라는 소리 절대 안 해. 다들 이런 성격이야.

근데 얘는 진짜 기름값 달라고 할까봐서 그런지 이런 얘기 한 번을 안 해.

이제 꼴등은…… 억다리.

필요없는 데에 돈을 써. 얘는 처세를 잘하는 친구인데, 참 엄한데다가 해. 이상한 데다가 처세를 해. 이상한 데 처세하고 "왜 저를 몰라주십니까?" 이래.

얘 말 들어보면 자기 집이 동탄이고 수원이 촬영지인데, 동생들한테 그래.

"야, 오늘 저녁에 끝나면 여기서 자. 맛있는 거 다 해놨어. 형네 집에서 자. 야, 와. 그냥 와."

그러면 애들이 가고 싶어서 가는 애들이 한 명도 없어. 억지로 간단 말이야. 억지로 가면 말 그대로 음식은 또 장만을 잘해놨어. 잘 먹이고 또 잘 재워. 다음날 사우나까지 딱 씻겨. 그리고 집에 간다고 그러면 콜택시를 불러가지고 다 그걸 돈 10만 원씩 줘가면서 집에까지 차로 딱 보내줘.

문제는, 하아, 그래 놓고 자랑을 해.

"형님, 제가 애들을 이렇게 했습니다."

그러니까 안 하느니만 못하지. 안 하느니만 못하는 처세를 존나 열심히 해, 늘.

# 처세술

초판 1쇄 인쇄 2022년 10월 20일
초판 1쇄 발행 2022년 10월 28일

**지은이** 김형인
**펴낸이** 떠오름

**기획** 손힘찬, 오지예
**편집** 권희중, 권기우
**디자인** 최희종
**마케팅** 전효민, 고경표, 이민지, 김하나
**영업관리** 박현정

**펴낸곳** **주식회사 떠오름**
**출판등록** 제2021-000002호(2020년 4월 28일)
**주소** 서울특별시 서초구 강남대로 479, 비1층 122호
**전화** 070-4036-4586 **팩스** 02-6305-4923
**홈페이지** www.risebooks.co.kr
**이메일** tteoreum9@nate.com

**값** 12,800원

ISBN 979-11-92372-24-2 03190